AF343250

EDICT DV ROY

POVR L'ESTABLISSEMENT
D'VNE CHAMBRE DE IVSTICE,

pour la recerche & punition des abus
& maluersations commises au faict
de ses finances.

*Verifié au Parlement, Chambre des
Comptes & Cour des Aydes.*

A PARIS,

Chez FED. MOREL, & P. METTAYER,
Imprimeurs ordinaires du Roy.

M. DC. XXIIII.

Auec Priuilege de sa Majesté.

OVIS par la grace de Dieu, Roy de France & de Nauarre, A nos amez & feaux les gens tenans nostre Cour de Parlement en la Chambre des Vaccations à Paris, Salut. Nous auons ce iourd'huy faict expedier nos Lettres Patentes cy atta- chées sous le contreseel de nostre Chancel- lerie, pour l'establissement d'vne Chambre de Iustice, pour la recherche & punition des abus & maluersations commises au faict de nos Finances, lesquelles nous auons addres- sées à nostre Cour de Parlement pour les fai- re enregistrer. Et d'autant que nostredite Cour ne sied à present, & que nous desirons sans aucun retardement faire establir ladite Chambre, Nous vous commandons & tres- expressément enjoignons par ces presentes, qu'incontinent & sans aucun delay, vous ayez à proceder à l'enregistrement desdites Lettres, nonobstant qu'elles soient adressées à nostredite Cour de Parlement: Ce que nous ne voulons nuire ny preiudicier audit establissement, ny à l'aduancement d'iceluy: CAR tel est nostre plaisir. Dõné à S. Germain en Laye le 21. iour d'Octobre, l'an de grace 1624. Et de nostre regne le quinziéme. Signé, Par le Roy, DE LOMENIE. Et scellée du grand seau de cire iaune sur simple queuë.

LO V I S par la grace de Dieu,
Roy de Fráce & de Nauar-
re, A tous preſens & à ve-
nir, Salut. Nous auons re-
ceu & receuôs iournellement de ſi grã-
des plaintes par nos ſubjets, de tous les
ordres & de toutes les Prouinces de cet
Eſtat : Meſmes par frequentes & reïte-
rées remonſtráces de nos Cours ſouueraines, des abus & maluerſations cõmi-
ſes au faiſt de nos Fináces, par nos Officiers employez au maniement & ad-
miniſtration d'icelles, & que la licence
de les commettre eſt ſi grãde, qu'elle ſe
rend cõmune & quaſi publique, comme ſi c'eſtoit du droiſt des charges d'y
profiter par toutes les voyes indireſtes,
que l'auarice & la conuoitiſe peuuent
excogiter : Que les grandes & prodi-
gieuſes acquiſitions deſdits Officiers,
les eleuemés de leurs maiſons, l'eſclat &
la ſplendeur de leurs familles, ſemble
eſtouffer la dignité des meilleures &

A ij

plus anciennes, & s'esleuer mesmes par dessus les plus gráds de nostre Royaume, outre la ruine & la corruption des mœurs que ce pernicieux exéple cause à plusieurs de nos autres subjets qui se laissent aisément emporter au desir du luxe, & des superfluitez qu'ils y voyent, & de rechercher les moyens d'acquerir en peu de temps de semblables richesses: Ce qui est d'autát plus sensible, que c'est à la veuë des afflictions de nostre peuple, gemissant sous le faiz de leurs exactions, & de nos bons seruiteurs, qui ayans employé leurs peines, & trauaux, mesmes leur sang, & hazardé leursvies pour nostre seruice, sont contraints de perdre la meilleure partie, non seulement des dons & recompenses que nous leur faisons: mais aussi des salaires & appointemens que nous leur donnons, pour en receuoir ce qu'il plaist à l'insatiable cupidité de plusieurs qui leur en doiuent faire

le payement, dont la defpenfe ne laiffe
pas d'eftre portée entierement fur le
fonds de nos Finances. A quoy l'on
adioufte encores les fraudes, defguifemens & autres inuentionsde peculat fi
couuertes, qu'il femble que la malice
ayt furpaffé toute la puiffance de la Iu-
ftice, & qu'au fcandale manifefte des
larrecins publics ceux qui les commet-
tent triomphent infolemmét, comme
affeurez dans vne entiere innocence,
par la confiance qu'ils prennent au fe-
cret& fubtilité de leurs fraudes;Ce que
noftre confcience & l'obligation de
noftre Sceptre ne nous permet de diffi-
muler plus long téps, pour n'accroiftre
la hardieffe par l'impunité, & ne con-
firmer la malice par vne plus longue
fouffrance en la couftume d'en vfer.
A CES CAVSES, apres auoir faict
mettre cette affaire en deliberation en
noftre Confeil, auquel eftoit la Royne
noftre tres-honorée Dame & Mere,

A iij

aucuns Princes de noſtre Sang, autres Princes Officiers de noſtre Couronne, & Seigneurs de noſtre Conſeil , DE l'aduis d'iceluy , & de nos certaine ſcience, pleine puiſſance & auctorité Royale , Novs auons erigé & eſtably, & par ces preſentes ſignées de noſtre main, Erigeons & eſtabliſſons vne Chambre de Iuſtice compoſée des Officiers de nos Cours ſouueraines, qui ſeront nommez par nous, pour ſeoir en la Chambre dicte du Conſeil, lez noſtre Chambre des Comptes à Paris, & eſtre par eux procedé ſans aucune intermiſſion ny diſcontinuation à l'inſtruction & Iugemens des procez ciuils ou criminels , & autres differens meuz & à mouuoir à la requeſte de noſtre Procureur en ladite Chambre de Iuſtice ou autres, pour raiſon deſdites maluerſations commiſes depuis le dernier iour de Septembre mil ſix cens ſept, contre nos Officiers des finances,

leurs Clercs, Commis & autres qui ont
vacqué & trauaillé soubz eux, & ceux
qui ont eu la charge & maniment des
leuées extraordinaires, pour l'entrete-
nemét des gens de guerre, reparations,
fortifications, munitions de guerre, vi-
ures, & autres generalement quelscon-
ques, sans aucun excepter ny reseruer,
& iuger lesdits procés souuerainement
& en dernier ressort au nombre de dix
pour le moins, pour le regard des iugemens diffinitifs, & au nombre de sept
pour tout ce qui cócerne l'instruction
desdits procez, & Arrests interlocutoi-
res seruans à icelle. Voulons que les iugemens qui seront par eux donnez audit nombre, soient de pareille force &
vertu que les Arrests de nos autres
Cours souueraines : leur attribuans
pour cét effect, priuatiuement à
tous autres Iuges & Officiers la co-
gnoissance & iugement desdits abus
& maluersations, circonstances & de-

pendances contre tous nos subjets qui
s'en trouueront coupables de quelque
estat, qualité, ou condition qu'ils soiét,
& en quelque lieu, ou Prouince de nostre Royaume, pays, terres, & seigneu-
ries de nostre obeïssance qu'ils soiét de-
meurans : Laquelle nous auós interdite
à toutes nos Cours de Parlement, Chá-
bres de nos Cōptes, Cours de nos Aydes, & autres Iuges & Officiers quelscō-
ques. Avons euoqué & euoquons à
Nous & à nostre Conseil, tous procez
& differens meuz & à mouuoir pour
raison desdits abus & maluersations,
circonstances & dependances d'icelles,
pendans en nosdites Cours de Parlement, grand Conseil, Chambres des
Comptes, Cours des Aydes, & autres
Iurisdictions, en quelque estat qu'ils
soient tant en premiere instance que
par appel : Lesquels ensemble, ceux
qui sont de present pendans, ou seront meuz cy apres en nostre Conseil
d'Estat

d'Estat & Priué, par requeste, euoqua-
tion ou autrement, Nous auons ren-
uoyez & renuoyós en ladite Chambre
de Iustice, pour y estre iugez & deci-
dez fouuerainement & en dernier ref-
fort, comme dit est. Et d'autant que la
preuue & verification defdits abus &
maluerfations par la nature & qualité
du crime, est tres difficile à caufe des
defguifemens, fraudes, fimulations,
& fuppofitions, & qu'il est mal-ayfé
d'en tirer les vrayes & neceffaires preu-
ues, fi ce n'est par les delations de ceux
qui en ont esté les Miniftres, lefquels
toutesfois à raifon de la complicité du
crime, pourroiét en craindre & appre-
hender la peine, estant beaucoup plus
vtile, plus raifonnable & plus expediét
au public, d'exempter & defcharger
de la peine quelques particuliers, ainfi
qu'il a esté fait par nos Predeceffeurs
en autres & femblables cas, pour auoir
par leur moyen, cognoiffance & reue-

lation de crimes si importans , que par vne trop exacte seuerité perdant les moyens de la descouurir , donner à tous l'impunité du passé , & la licence à l'aduenir : Novs auons de nostredite pleine puissance & authorité Royale, dōné & octroyé, donnons & octroyós par ces presentes , grace & abolition à celuy ou ceux des complices ou coupables des faits & cas susdits , lesquels auparauant qu'en estre accusez & preuenus, viendront à reueler les fautes par eux & leurs complices faites & commises , Et donneront à nostre Procureur en ladite Chambre, memoires , charges,& instructions suffisantes pour la preuue & conuiction d'icelles. Donnons aussi & octroyons pareille abolition aux coupables desdites fautes, qui auparauant que d'en estre preuenus, se defereront eux mesmes,& feront restitution de ce qui aura esté mal prins , selon que par les Iuges de ladite

Chambre il sera iugé deuoir estre
fait, & verifieront les fautes faites par
leurs complices. Et afin d'inuiter nos
autres bons subiects, d'ayder à esclair-
cir la verité des faits & cas susdits, dont
le crime & l'accusation est publique,
important non seulement à nous mais
au general & particulier de nos sujects,
Nous ordonnons à ceux qui se vou-
dront rendre & declarer Delateurs &
Denonciateurs de tels crimes, pour re-
compense & satisfaction des fraiz qu'il
leur conuiendra faire, peines & vaca-
tions, le sixiesme des amendes & con-
damnations qui nous seront adjugées,
ou qui prouiendront de leurs denonciations en quelque sorte & maniere
que ce soit, lequel nous voulons & en-
tendons leur estre payé par preference
sur les deniers qui prouiendront de
leursdites denonciations, par le Rece-
ueur qui sera par nous commis à la re-
cepte d'iceux, sauf à nos Iuges en la

dite Chambre d'ordóner autres & plus grandes recompenses ausdits Denonciateurs ou autres personnes, selon la diligence, qualité, & circonstances de leur aduis, & du seruice qu'ils nous y auront rendu : sans que nostredit Procureur en ladite Chambre puisse estre poursuiuy, ou contrainct de declarer lesdits Denonciateurs aduenant qu'aucun des accusez pour raison des cas susdits, circonstances, ou dependances, fut absoubs des faicts à eux imposez, Nonobstant l'article de l'ordonnance d'Orleans, auquel pour cét effect, Nous auons derogé & derogeons par ces presentes. Voulons aussi qu'il soit fait restitution à ceux qu'il appartiédra des sommes de deniers qui se trouueront & verifieront auoir esté induëment exigez d'eux, ensemble des cedules & obligations feintes & simulées, ainsi qu'en l'vn & l'autre cas nosdits Iuges verront estre à faire par raison. Et d'autant que pour la verification defdits crimes & abus, il fera fouuent befoin d'auoir communication des Comptes rendus, & qui fe rendront cy apres durant la feance de ladite Chambre, enfemble des acquits & pieces raportées fur iceux qui font és Chambres de nos Comptes & autres pieces & actes eftás aux greffes de nos Cours de Parlemét, grand Confeil, Cours des Aydes, Bureaux de nos Threforiers de France, Bailliages, Senefchauffées, Eflections & autres nos Iuftices, lieux & endroits, Nous mandons & ordónons aux gens de nofdites Cours de Parlemét, grand Confeil, Chambres de nos Comptes, Cours des Aydes, Treforiers de France, Baillifs, Senefchaux, Efleus & tous autres nos Iuges & Officiers, leurs Greffiers, Clercs ou Commis, gardes des facs ou regiftres, de faire aufdits Iuges & autres qui feront par nous ou par eux commis & fubdeleguez, & à no-

ſtre Procureur en ladite Chambre en
eſtant requis, ouuerture de leurs Châ-
bres & Greffes, & leur bailler & admi-
niſtrer tous Regiſtres, Comptes, Liures,
Liaſſes, Acquits, Papiers, & autres pieces que beſoin ſera, ſans y faire diffi-
culté. Si donnons en mandement à
nos Amez & Feaux, les gens tenans
noſtre Cour de Parlement, Chambre
de nos Comptes & Cours des Aydes à
Paris, chacun endroit ſoy, faire enregi-
ſtrer ces preſentes, & le contenu en
icelles, garder, obſeruer & entretenir,
ſans ſouffrir qu'il y ſoit contreuenu en
aucune maniere que ce ſoit. Mandons
à nos Baillifs, Seneſchaux, Preuoſts de
noſtre Hoſtel & grand Preuoſt de
France, Preuoſts de nos chers & bien-
amez Couſins les Mareſchaux de Frã-
ce, & tous autres nos Iuſticiers, Officiers & ſujets, & à nos Huiſſiers ou Ser-
gens, obeir aux Iugemés & Arreſts des
Iuges de ladite Chambre, & mettre à

execution tous decrets & ordonnances
emanées d'eux, quand & ainsi que par
eux leur sera ordonné, sans pour ce de-
mander congé, permission, placet, visa,
ne pareatis, nonobstant tous Edicts
Ordonnances, mandemens, defenses &
lettres à ce contraires : Car tel est
nostre plaisir. En tesmoin dequoy,
nous auons faict mettre nostre seel à
cesdites presentes. Donné à sainct
Germain en Laye au mois d'Octobre,
l'an de grace mil six cens vint-quatre.
Et de nostre regne le quinziesme.
Signé, LOVIS. Et sur le reply,
Par le Roy, De Lomenie. Et scel-
lé du grand sceau de cire verte sur lacs
de soye rouge & verte. Et encores sur
ledit reply est escrit,

*Regiſtrées, Ouy le Procureur General du
Roy, pour eſtre executées ſelon leur forme &
teneur. A Paris en la Chambre des Vaccations, ſuiuant les Lettres de relief d'adreſſe
du vingt-vnieſme Octobre, le vingt-troi-*

fiefme dudit mois d'Octobre , mil fix cens vingt-quatre.

Signé, DV TILLET.

Leuës , publiées & Regiftrées en la Chambre des Comptes, Ouy & ce requerant le Procureur General du Roy , à la charge que la communication des Comptes & acquits eftans en ladite Chambre, fera faicte par les Officiers d'icelle, les deux Bureaux affemblés, le 24. iour d'Octobre 1624.

Signé, GOBELIN.

Leuës, publiées & Regiftrées, Ouy fur ce le Procureur General du Roy pour auoir lieu, & eftre executées felon leur forme & teneur, fans toutesfois que l'euocation portée par icelles, puiffe eftre tirée à confequence pour l'aduenir au preiudice de la Iurifdiction attribuée à ladite Cour par les Ordonnances, fuiuant l'Arreft du iourd'huy. Donné à Paris les Chambres affemblées en la Cour des Aydes le 25. d'Octobre 1624.

Signé, DV PVY. Par ordonnance de la Cour.

www.ingramcontent.com/pod-product-compliance
Lightning Source LLC
LaVergne TN
LVHW021816060726
842528LV00004B/1375